톨스토이역에 내리는 단 한 사람이 되어

톨스토이역에 내리는 단 한 사람이 되어

이 운 진

시인의 말

시간은 모든 것을 침전시킨다.
그래서 삶의 표면은 깨끗한 슬픔으로 보이기도 한다.
지금이 그렇다.

2020년 4월

개정판을 내며

나는 지나왔다.
그러므로, 기억아
너도 어디로든 흘러가라.

2025년 5월

차례

시인의 말
개정판을 내며

제1부
11월의 끝 15
여행하지 않는 여행자 16
밤의 대릉원 18
난청의 시절 2 20
바다 옆의 방 22
도망가는 사랑 24
그러는 동안 26
톨스토이역에 내리는 단 한 사람이 되어 28
Moon Snow globe 30
설야雪夜 32
헌책방에서 34
흔적 36
밤 강물 곁에서 37

제 2부
영원한 비밀 41
실루엣의 세계 42
옛 일기장을 찢으며 44
파란 달 46
강변북로 48
어둠 속에서 다시 한 번 50
진부령의 구름처럼 52
밤이 준 것 54
2월에 매화를 보다 56
난청의 시절 3 58
우문愚問 60
검은 눈물 가득한데 62
행복을 표절하다 64
해빙기 2 66

제 3부
봄의 환지통 71
첫눈 무렵 72
선셋 증후군 74
눈물에도 전성기가 있다 76
기억 극장 77
제비꽃을 위하여 78
악몽 79
따뜻한 반어법 80
봄밤 81
나의 엄마들 82
마흔아홉 84
재스민 나무의 데스마스크를 보며 86
난청의 시절 4 88
망각은 이렇게 온다 89
살구나무에게 가서 울다 90

제 4부

이것은 겨우 나의 자유 93

정박碇泊 94

페넬로페의 노래 96

떠돌이까마귀처럼 98

훔친 기억 99

난청의 시절 1 100

건조주의보 102

고백을 위해 104

밤의 노래 105

비행운을 보는 저녁 108

다시, 동해로부터 110

겨울 일기 112

발굴이 될 때 114

해설

고봉준 - 상실에 대하여 116

제 1부

11월의 끝

한 사람의 상처 입은 사랑을 덮으려면 저토록 많은 나뭇잎이 필요한가

우리가 한때 우리였다는 걸 말하려고 나무는 모든 잎을 버리나

애인아
어느 날 슬플 때
내가 네 이름을 부르는 억양도 나뭇잎만큼 바스락거리고
우리 사이에만 통하는 따스한 농담도
떨어진 잎처럼 바람에 찢기고 말까

죄가 되기에는 너무 아름답고 무해한 사랑처럼 낙엽이 진다

언젠간 꼭 잊혀질 우리처럼, 낯선 영혼처럼

여행하지 않는 여행자

나는 방금 햇살 속에서 돌아왔다

이 방에서 저 방으로
이 창문에서 저 창문으로 옮겨 가는
햇살만 따라다니다 돌아왔다

하늘이 녹아드는
세상의 가장자리로부터
푸르른 빙하와 외로운 섬을 지나
이름 없는 무덤가에 꽃을 피워 주고 온 햇살

아무 풍경이 없는 풍경에 대해서도
긴 이야기를 들려주는
그 햇살처럼
멀리 있어서 영영 잃어버리지 못하는 것들을 생각했다

햇살과 함께
걸을 수 있는 만큼 걸어갔을 때에는
나에게 오는 길을 끝까지 다 오지 못한 이들과

다정하게 헤어져 주었다

오늘도 나는
비둘기 한 마리와 고양이 한 마리보다도 멀리 가지 못하고
기억한 것보다 더 많이 잊어버리며

햇살 속에 가만히 잠겨 있다가
절반쯤만 돌아왔다

밤의 대릉원

이 밤
누가 나를 돌려세워
미혹迷惑을 고백하게 하나

나는 지친 걸음으로, 그보다 더 지친 영혼으로
어둠 속을 들여다본다

둥근 달빛
둥근 무덤 사이
지금으로부터 아주 먼 삶에서 건너오는 듯
수세기의 바람이 지나가는데
짧은 생애 동안 나는 얼마나 많은 나였던가

아무도 기억 못할 글을 쓰는 수인囚人이었고
사랑이 던져버린 돌멩이였으며
슬픔의 징후였으니
이곳에서 나는 얼마나 많은 추방자였던가

이제 젊음도 없이 젊은 나를 데리고

나 자신의 허구로 사는 날
얼마나 남았을까 생각한다

빠져나갈 수 없는 아프고 허망한 이 삶도
선물이라는 말로 불러도 되는 건지

어딘가 있을지도 모르는 신을 향해
대답 없는 질문을 하며

둥근 달빛 속
둥근 무덤에
가만히 누워본다

한때 눈물이었고
영광이었던 모든 것이 사라진 자리에
잔잔한 풀꽃들 피어 흔들리고 있다

난청의 시절 2
- 장미와 나

장미 화분에서 꽃이 피는데
이건 몇 데시벨의 독백이라서 들리지 않는가

갓 핀 장미를 쓰다듬으려다
장미 가시를 가만히 만지는 사이

또 한 송이 장미가 피고
내 귀에는 꽃 피는 소리 들리지 않는다

장미에게 가시는 영혼의 문제일까 뿌리의 문제일까
내 마음에 세운 가시는 당신의 무심일까 나의 기억일까

하루 종일 장미 곁을 지키다
달 쪽으로 귀를 열고 잠이 들면

아득한 우주의 저녁
누구도 가보지 않은 어둠속에서
늙은 별이 폭발하는 소리

수천 년 전이나 수만 년 후에도
일어나지 않은 일처럼
내겐 아무것도 들리지 않는다

그 사이 장미는
오늘 펼친 꽃잎 한 장을 허공에 내려놓는데

나는 얼마나 더 멀어져 가야
이 고요의 억양을 들을 수 있을 건가

바다 옆의 방*

햇살은 사각형으로 눈부시다
그 곁에서 젊음과 닮았던 바다는 조그맣게 푸르다

어쩌면 이것은 망각에 관한 것인지도 모른다

빛과 구름과 물결은 한 순간도 바뀌지 않고
그저께였고 어제였고 조금 전이었던
시간은 오지 않고 가지 않는다

나쁜 것은 모두 나였다고 자책할 때
눈 뜨지 못하도록 햇살은 반짝이고
햇빛을 빨아들이는 벽은 튼튼하다

아무도, 그 누구를 위해서도
울지 않을 때까지
바다만 시리게 바라보는 곳

마른 꽃도
줄 끊어진 기타도

꿈속에서나 나에게 돌아오던 한 사람도 없는 곳

어쩌면 이곳은
천천히 그리고 아름답게
너를 잃기 위해 만든 방인지도 모른다

견뎌야 할 기억이 더 남아있어
내가 간다면
그 빈방으로 가는 것이다

---

* 〈바다 옆의 방〉: 에드워드 호퍼의 작품 제목.

도망가는 사랑

사랑에 관한 한
나는 어떤 것도 상속받지 못해서
팔도 없이 껴안고 손도 없이 붙잡으려 했어

빛에서 어둠만을 도려낸 듯
검정보다 검은 네 얼굴을
나는 닫힌 눈꺼풀 안의 눈으로만 보았지

세상에 없던 방식으로
벼락이 사랑스러운 이유만큼 너를 보듬고 싶었는데,

강물이 음악이 된 그때 그날
나의 눈물과 봄과 내일을 주고서라도
누군가의 두 팔을 빌려 왔더라면
작은 가슴이라도 빌려 왔더라면

메마른 네 그림자를 가질 수 있었을까

더 이상 다르게 올 수 없는 너를

우주처럼 슬프고 자정처럼 아름다운 너를

빗방울 지는 소리에 묻지 않아도 되었을까,

사랑에 관한 한
나는 아직 너에게
나를 잊을 권리를 주고 싶지 않은데

그러는 동안

돌보지 않은 사과알들이 떨어지고
떨어진 사과알이 썩어가고
그러는 동안

썩은 사과 속 벌레의 집에서 벌레가 태어나고
벌레는 다른 집을 지을 다른 사과나무를 찾아 나서고

그러는 동안
돌보지 못한 내 삶이 사과알처럼 떨어져
가슴속에서 썩어가고
슬픈 것을 너무 많이 보아서 슬퍼진 눈에
세상은 온통 벌레의 집이다

썩은 가슴으로만 얻을 수 있는
오로지 치욕으로만 배울 수 있는 것은 무엇이기에
나는 이토록 많은 하루를 사과알처럼 떨어뜨려야 하는지

저 멀리 다른 땅 다른 사과나무에서

꽃이 피고 향기를 머금으며
떨어질 사과를 키우는 건 또 누구의 뜻인지

오늘도 사과나무는 붉은 과즙을 익힌다
나도 외로움의 껍질로 나를 감는다
그러는 동안

이 세상 무엇 하나 건드리지 않고도 가득히
햇살이 쏟아진다
사과나무도 나도 반쯤 알아간다
사는 일은 아름답고 공허하다는 걸

톨스토이역에 내리는 단 한 사람이 되어

아스타포보[*]
히어리가 피기에는 차가운 땅

2월을 보내면 또 2월이 오고
겨울이 끝나면 또 겨울이 시작되는
나의 계절보다 따뜻한 그곳에서

이 세상의 주소를 갖지 않은 새들처럼
나스타샤나 안나가 되어 살아볼까

나답지 못했거나 너무 나다워서 아팠던 기억들 지우며
내가 사라진 뒤에도 계속될 거룩한 일들
첫 열매를 맺은 나무, 빵 굽는 냄새
늦은 저녁 햇빛에 실려 가는 구름이나 보면서
사랑이라는 것을 이해하려고 찾던 온갖 말들의 사전을
찢어도 좋으리

왜 한 사람은 한 사람만을 죽도록 사랑하는지
왜 한 사람은 사랑을 위해 기꺼이 자신을 배신하는지

왜 한 사람은 손목을 긋고
왜 한 사람은 몇 번이고 새로운 고백을 하는지

바람은 바람에게 말을 전하고
밤은 밤에게 비밀을 알려 주어도
소문이 되지 않는 머나먼 그곳

나의 시보다도 위대하고
내가 복종했던 시대보다도 더 위대한
무심한 풍경 속으로 들어가

아무것도 깨닫지 않고
어디로도 돌아가지 않으련다

아스타포보
마지막 정거장
나, 이제 막 자유를 연습하기 시작했으므로

---

* 아스타포보: 톨스토이역의 옛 이름. 톨스토이가 죽음을 맞은 곳이다.

Moon Snow globe

깊고 검고 차가운 달에 눈이 내린다
모든 불가능 중에서 가장 불가능한 일이었던
우리의 이별처럼
달에 눈이 내린다

예전에도 본 적 없고 앞으로도 영영 보지 못할
달 위의 눈송이들
내 기억의 모든 장소로부터 날아온 눈송이들

날리다가 흩날리다가
결코 녹지 않는 이 눈들은 다 어디로 가나
어디로 가서
다시 누구의 기억을 덮을 수 있나

계절도 없는 곳에서
흰색의 순백을 넘어
눈은 내리고
기적도 없는 곳에서
나는 다시 돌아갈 나를 잃었는데

네가 있는 다른 곳
그러나 이곳을 닮은 어딘가에도
이토록 지독한 눈이 내리는가
이토록 섬뜩한 눈빛이 있는가

설야雪夜

눈이 와요,
라는 말 얼마나 유정有情한지
함부로 전하지 못하겠네

창밖에는 사르륵사르륵
마치 전생의 장례식 같은
고요
한없이 깊어가고

눈 오는 소리 안에는
내 귀에만 들리는 목소리 낭랑해지는데

눈이 와요,
이 무용한 독백은
끝내 허공을 건너지 못하네

눈송이눈송이
내려와
한 그루 나무의 실루엣이 바뀌는 동안

나무보다 먼저 마음을 다 덮고
나는 생각하네

왜 추억은 아직도 눈빛을 약속하려 하나
왜 나는 조각난 기억을 붉은 심장인 듯 지키려 하나

기억만으로는 아무것도 되찾을 수 없는 밤
그 먼 시절로부터
흰 눈이 오네

헌책방에서

볕이 좋은 날
빈 가방을 들고 헌책방에 간다

한때는
누군가를 오싹하게 하거나
누군가의 가슴을 따뜻하게 덥혀주었던 책들을
허락된 목격자처럼 살펴보다가

그가 다가온다 …
2003. 사강 새롭게 느낀다
네가 선물한 책을 혼자 읽었다. 원

이 짧은 문장을 책 속에 남기고 떠나보낸 이들은 누구
일까
궁금해한다

분명 등을 돌려야 할 이유가 있었을 거라고
낡은 책 속에서
흰빛을 잃도록 잠든 꽃잎

납작하게 눌린 파리를 보는 것보다
더 놀란 마음을 가만히 쓸어내린다

큰 비 뒤에 읽을 인생과
자오선 아래 까만 밤을 지켜줄 그림들

너무 세게 껴안으면 안 되는 새끼고양이를 안듯
새로 산 헌책을 안고

가방 속 책들의 무게만큼
낙관주의자가 되어보기로
아직은 사람을 사랑해 보기로
햇볕 속에서 혼자 곰곰해진다

흔적

간밤에 작은 짐승이 자고 간 뒤 풀이 눌린 자리
누구였을까
길고양인가, 집 잃은 강아진가, 아니면 다친 새인가
그도 아니면 혼례의 밤을 나눈 쥐였을까

하늘에 보름달이 뜨는 동안
꽃잎이 얇은 꽃들을 피해 둥글게 몸을 말 줄 아는 이
사람보다 눈빛이 한 겹쯤 더 얇은 이
누구였을까

이 세상 어느 낯선 모퉁이에서도
딱히 오래 있다 갈 마음은 없어서
희미한 냄새와 중력의 무게만 남기는 일
얼마나 거룩한 일인가
연민을 처음 알게 되거나 별빛을 처음 발견하는 것처럼
얼마나 옳으며 무해한 일인가

내가 이해하고 있던 것보다 더 깊숙이 있는 외로움으로
한 짐승의 체온이 지켰던 하룻밤
나는 세상의 비밀 하나를 끝까지 알지 못한다

밤 강물 곁에서

시간에게 지고
중심에게도 지고
시와 허위에도 다 지고
사랑에게는 엉망으로 지고

밤 강물에
두 다리를 담그고 앉으니
내가 지금 무엇인지 생각하는 것은 어렵고
예전에 내가 무엇이었는지 기억하는 것은 훨씬 더 어렵다

언제나
지고 있는 나는
거품보다 가볍고
숨보다 가벼운데
왜 자꾸 가라앉고만 있는지

이름 없는 자만이 그릴 수 있는
슬픔을
물결에 가만히 옮겨 놓는다

제 2부

영원한 비밀

사랑을 위하여
한 사람의 아름다운 죄를 위하여

어떻게 당신이 덫일 수 있는지
입술과 꽃과 구름 같은 것들이
어떻게 어둠일 수 있는지
이 지구에서 만들어진
심장 하나가
어떻게 블랙홀일 수 있는지

신은 신의 작업을 숨긴다

실루엣의 세계

선명한 것은 아프다

끝이 뾰족한 눈물이나
애인의 눈 속에 고인 허공,
혹은 철조망을 덮은 장미 덩굴을

현미경이나 망원경으로 보지 않고 아름답다고만 쓴다

아득히 먼 별빛처럼
시력을 잃은 모네의 정원처럼

별들과 계절과 꽃들이 보지 않는 것을 나도 보지 않는다

포옹을 보고 포옹을 모르고
이별을 보고 이별을 모른 채

눈을 감으면 더 정확해지는 감정들은 비밀로 남겨 둔다

모호하고 흐릿한 슬픔이 지나가듯
사람들의 지독한 안개 속을 걸으면

내 눈 속의 어둠은 점점 짙어져

바람이 역류하는 줄도 모르고
구름이 흩어지는 줄도 모르고

옛 일기장을 찢으며

서랍 속에서 낡아버린 일기장을 읽다가 찢어버린다

젊음 말고는 아무것도 가진 것 없던 초라한 청춘과
본능보다 강한 상처의 기억들
다시는 만나지 않기 위해
아무도 없는 빈집에서 나를 찢는다

스무 살의 나는 외롭고
스물한 살의 나는 울고
스물넷의 나는 지옥에 있었다

나는 나를 어떻게 부숴야 하나
내 영혼에 사슬을 감으며 쓴
붉은 눈물들

기도하던 손이 찢기고
웃음만큼 억지스러운 희망이 찢기고
오래 사모했던 이름이 갈가리 찢긴다

양심으로는 깨지지 않는 세상의 벽과
신도 돕지 못한 사랑 때문에
속절없던 그때

나의 비명에 별들은 얼마나 비틀거렸을까
바람의 가냘픈 자장가가 어떻게 나를 달랬을까

가슴이 미워했던 일을
시간은 어떻게 잊게 하는지
한때는 숨결이었던 글들을 찢으며 나는 생각한다

슬픔은
나의 한창때였다고

파란 달

기억을 허문다

내가 온갖 죄를 지은 저 아름다운 시절과
돌림병 같던 청춘을 헐어서
기억으로도 돌아갈 곳이 없어졌으면 하고

어느 날 내가
당신을 처음 알던 백일홍 나무 아래 서있을 때
갓 핀 꽃송이가 먼저 알고 반겨도
나는 처음인 듯 슬펐으면

가장 어두운 눈 속에서
가장 밝은 당신이 사라질 때
한 날에서 다른 날로 옮겨 가듯
무심히 아팠으면

얼굴이 없는 나를 만났을 때도
밤보다 깊은 문장을 잃었을 때도
눈만 가만히 감았다 뜬 채,

지나간 시간을 허무는
그런 밤에는
눈물이 울다 간 자리에
파란 달이 뜬다

강변북로

교통 정체의 날은 왜 슬픔에 잘 어울리는지
막힌 도로 위
차 안에 갇혀
패배의 날들을 생각한다

붉은 금을 긋고
1킬로미터마다 나를 기다리고 있는 운명에게
어떤 표정을 보여 주어야 하나

모두에게 숨겨 온
속마음과 가장 가까운 말을 한다면
나는 또 무엇을 잃게 되나

단 한 번도
예측한 방향에서 오는 법이 없는 삶을 생각하며

어제도 오늘도
벼랑 같은 길을 따라
집으로 돌아가는 시간

따뜻한 손이라 믿었던 것에 상처받은 채
하지 못한 말은 하지 않은 채
강물 냄새에 숨을 씻으며 어둠을 가른다

꽃이 피는 기척에도 놀라는
나만큼 외로운 사람들
도망가지 못한 사람들
서로의 그림자를 붙잡고 따라가는 불빛 속에서

나는 너무 슬퍼질까 두려워 혼자 웃는다
웃어서 다시, 가만히 슬퍼져도

어둠 속에서 다시 한 번

간혹 옛일로 잠 안 오는 날
나를 그렇게는 미워할 수 없는 일이라서
운명을 미워한다

태어났지만, 버려진 것이었던 가족사처럼
지상의 법으로는 단죄할 수 없는 일로
잠 안 오는 밤

혼자라는 말이 너무나 걸맞는 시간에는
구름 한 점으로도 가려지는
머나먼 외딴 섬을 떠올린다

삶보다 친절한 바람과 바다 곁에서
아름다울 수도 있었을 내 이야기는 왜 아름답게 쓰이지 못했는지
왜 떠났다가 돌아오는 것은 사람들이고
같은 자리에서 기다리는 것은 내 몫인지
차가운 혀로 나에게 해명한다

말해 주어도 믿을 리 없고
믿는다 해도 바꿀 수 없는
난처한 생을 안고

어둠 속에서 다시 한 번
온 마음, 온 영혼, 온 힘을 다해
내가 슬픈 이유는 나 때문만은 아닐 것이다

진부령의 구름처럼

이쯤에서
마음을 다 놓아 보내면
저 구름처럼 다시 돌아오지 못할까

체온보다 조금 뜨거운 사랑
거짓말보다 조금 미더운 눈빛

없어도 그만이었던 것 사라지면
외로움은 더 외로워지고
슬픔은 더 완벽해질까

불온 문서 같은 마음 안의 마음을
나를 상처 입힌 세상에게
다시 상처 줄 용기가 없는 마음을
길모퉁이 어디쯤 내려놓아도

그래도 한 가지 아름다운 사실은
삶의 수수께끼가 풀리지 않을 거란 것

내 눈에서 당신의 가슴으로 이어진 길 같은
진부령
멀리 떠나가는 구름처럼
스스로를 잊으면 어떨까

밤이 준 것

밤이 나에게 준 것은
핏방울처럼 선명한 별빛이 아니라
목메임이었다

어느 밤
바람에는
헤어진 동생과 덮고 자던 이불 냄새가 나고
막 베어져 넘어진 나무 향기가 진해서
울었다

또 어느 밤
기억 속의 내 곁에 누군가 앉아있는 기척 때문에
가슴이 금 가고 말이 더뎌져서
글썽였다

하다 만 말
가다 만 시계와 읽다 만 책
그보다 더 작은 일로도 주저하는
그런 밤이면

슬픔에 순종해서 얻은 것들을 생각했다
세상에 거역해서 잃은 것들을 생각했다

밤이 아니면
내 마음을 지나가지 못하는
사무치는 것들
밤마다 흐느끼느라
눈꺼풀은 감기려 하지 않았다

2월에 매화를 보다

고궁의 뒤뜰
너무 늦지 않은 때에
홍매紅梅 보러 간다

찬바람에 갈려 뼈대만 남은 햇살은
따갑게 얼굴을 찌르며
내게 투명해지라고, 투명해지라고 말하는데

의도 없이도 온전한 자세를 지키는
꽃나무 한 그루에 몸을 다 맡기고 싶어진다

너를 생각하는 일은 매일 밤 오르는 단두대 같다고
나는 이제
나 자신의 영혼만 책임지고 싶다고
그동안 잘 지켜진 비밀 하나를 나무에 묻어두고 싶다

시간이 흐르면 기억은 힘을 잃고
시간이 흐르면 나는 다른 사람이 되고
한 사람의 눈빛이 먼지로 변했을 때

나는 영영 자유가 될 수 있는지
나무는 알고 있을까

모든 일에 사랑이라는 말을 빼버려도
온통 붉은
사백 살의 홍매를 기도하듯 바라본다

난청의 시절 3
– 마지막 인사

그날
당신은 내게 추억에 대해 말해 주었지
그러나 사실은 이별을 말한 거였어

불타는 종잇장처럼 안으로 말려드는 소리들
소리와 소리 사이의 침묵들

그 다음에 올 단어를 듣지 않으려고
나는 눈을 감았어

내게 소리는 보이는 것
불행하게도 출구가 없는 것

내 안에서 구름으로 흘러 다니다 소낙비가 되는 것
괴괴한 꽃밭 같은 것

슬퍼질수록 더욱 따뜻해지던 당신의 목소리와
숨소리의 긴 여운을
가만히 눈으로 듣고 있는데

환청마저 소리를 잃은 그날
당신은 가장 아름다운 말을 골라 주었지
안녕,
이었어

우문愚問

끝내 발아하지 않은 가시연꽃 씨앗 하나

시간이 더 필요한 거니?
조용히 물어본다

아니, 사랑이 더 필요한 일인가 생각하다가

만약 내가 열다섯 살에 사랑을 받았더라면
손에는 상처가 없고
심장에는 미움이 묻어있지 않은
사람이 되었을까?
더 조용히 물어본다

아니, 조그만 물고기같이 어렸을 때
슬픔을 축하했더라면
눈물의 소리에
귀가 멀지 않았을까?

아니 아니, 어떻게 하면 별과 함께 다른 영혼으로 태어

날 수 있을까?

  점점 어두워지는 씨앗에게
  물어보고 물어본다

  저렇게 부드러운 햇살의 손짓을 내가 정말 잘못 해석
해도 되는 건지

검은 눈물 가득한데

세상은 이 정도의 슬픔으로는 흔들리지 않나 보다

바닷속에서 잠든 아이들
면도날처럼 야위어가는 아기들
폭풍우에 사라진 마을
전쟁터의 낮과 밤

어제도
십 년 전에도 수백 년 전에도 똑같은 슬픔
돌아오고 돌아오는데

이 순간 두 눈에 담을 수 없는 석양이 지고
서울 하늘 별보다 많은 가로등 켜지고
악의 없는 무관심으로 지구는 돌고,

어른이 되고 싶지 않은 소녀
필생의 악몽을 꾸는 동안

일시에 휘황하게

칸나꽃 피어나서 흔들리면
우리는 서로 사랑한다는 아름다운 이야기를 지어내고,

어떤 태양도 고치지 못하는
얼음 같은 마음속

심장을 덮은 녹 두꺼워져
검은 눈물 가득한데

이 정도의 모순으로는 신은 결코 흔들리지 않나 보다

행복을 표절하다

  이제는 천사들도 우울한 시대
  끊임없이 새로운 날개를 바꿔 보여 줘야 하는 시대에

  고독과 부드럽게 사귀는 법을 모르는 사람들은 온 세상을 떠돈다
  여행자도 방랑자도 순례자도 아닌 모습으로
  행복한 사람들을 찾아 떠돌다

  똑같은 곳에서 똑같은 사진을 찍고
  똑같은 음식을 먹고 똑같은 미소를 짓고
  똑같은 개와 고양이
  똑같은 갈망
  똑같은 멜랑콜리
  아래

  부탁보다 더 간절하고 외침보다 더 크며 그물보다 더 촘촘한 해시태그들
  별처럼 반짝인다

세상 어디든
똑같이 해가 뜨고 해가 지는
하루

달과 꽃을 가지고도 완전히 행복하지 않을 때
이런 밤에는 외로움도 필요하다는 걸
나는 언제쯤 알게 될까

해빙기 2

사랑을 멈추면 몸이 녹을까

사랑은 뜨거운 것이라는데
그 모든 세월 동안 나는 얼어붙어 있었다

심장이 먼저 얼고
눈물이 얼고
입술이 얼어서
꿈속의 손길로밖에 말할 수가 없었다

더 차갑게
더 투명하게 얼어서
내 안의 단단한 슬픔으로 산산조각 나기를
너는 바랐다

마침내 핏방울이 얼고
살빛이 식어

너에게 줄 수 있는 것이 미움밖에 없을 때

사랑을 멈추면 내가 녹아 없어질까

제 3부

봄의 환지통

꽃이 지는 날 아팠습니다
없는 나무 아래서 꽃나무처럼 아팠습니다

환한 그늘 아래
없는 꽃잎들 무수히 떨어져 쌓이고

없는 당신의 그림자도
길게 서있었습니다

모든 길을 다 알아도 갈 수 없는 곳
당신이 있는
그곳을 생각하다가

기억 속 깊이
윤곽의 윤곽 속에만 있는
눈길을 생각하다가

내가 없는 당신의 봄이 아팠습니다

첫눈 무렵

이제 곧 눈이 올 테지
그런다고 누가 고백이나 할까마는
그런 날에는
나무를 찾아간다

늙은 나무는
피가 되어가는 내 눈물을 이해하는지
왜 울지 않느냐고 묻지 않고
우연히라도 눈물을 만질까 봐 두려워하는 내게
나뭇잎을 안겨 준다

몇 개의 계절을 지나온 나뭇잎에는 상처들 선명하고
나도 잔인하게 섬세한 기억들을 생각한다

제대로 배반하지 못한 사랑과
자꾸 헛걸음을 하는 세상과
빈 자루 같은 내 몸을,

모두가 눈을 기다리는

그런 날에는
나무만이
내가 원하는 방식으로 나를 기억해 준다
내가 나를 잊은 그만큼

선셋 증후군

나의 불행으로도 당신을 감동시키지 못해서
하늘에서 가장 먼 이곳까지
저녁이 온다

고양이와 꽃과 구름과 물결을 가지고도 슬픈
마음속으로
어둠이 온다, 기억이 온다

마지막 입맞춤 다음의 또 입맞춤처럼
아직 망설일 시간이 남아있을 때

나는 긴 그림자를 세우고
길모퉁이에 서서 서둘러 운다

날마다 날마다 오는 저녁에게라도
마음이 들키기를

고양이와 꽃과 구름과 물결이 모르는 정처로
내 무거운 걸음이 시작되기를,

저물고 묻히는 하늘 속으로
섭섭한 눈빛을 닮은 어둠이 오면
누구라도 갖고 싶어 할 슬픔의 이유들이 짙게 붉어진다

눈물에도 전성기가 있다

그리워하고 싶은데 그리워지지 않는 날이 오는 것처럼
누구의 생애쯤이든 다시 만나자던 약속을 잊는 것처럼
시든 꽃다발 속에서 나오는 바람처럼

결국, 사랑처럼
눈물도 고비를 넘긴다

내 심장과 가장 가까웠던 말을 잃고
제아무리 눈이 슬퍼도
이제 눈동자는 잠기지 않고

눈 속에는 있으나 마음속에서는 사라진
눈물에게 눈을 찔리고 웃을 때

한때는 익사溺死의 깊이로 흐르던 눈물
더 이상 맺히지 않는다

눈물에도 전성기가 있었다

기억 극장

너와 나는 막대사탕 끝을 씹는 방식이 달랐으므로
같은 기억에도 다른 주석을 달아놓았고

길모퉁이를 돌 때의 회전각이 달랐으므로
그림자의 공간이 달라졌던가

나무와 일몰이 있던
짧고 드문 우리의 시간과
원근법처럼 정확한 방식으로 멀어지지 않는 모든 기억들을

나는
오늘도 무한 반복 상영 중이다

기억처럼 보이는 것들이 지나간 예언이 될 때까지

제비꽃을 위하여

나는 실토했다

몇 번의 봄이 와도
뜨거운 눈꺼풀을 씻고 씻을 때
어디로 가나 큰 꽃들의 그늘일 때
울음을 어떻게 참아야 하는지 말해 주었다

왜 사랑이 끝나면 햇빛과 비는 내용이 없어지고
이름 없는 것들은
기억도 희망도 남기지 못한 채
어둠과 혼혈이 되어 가는지
왜 불의는 세상 어딘가에서 일정하게 유지되는지
익숙한 의심을 어떻게 모른 척하는지 모두 말했다

내가 아는 가장 지독한 구절로
어떤 후회도 억압도 없이

나처럼 고아인
한 송이 제비꽃을 위해

스무하루의 봄밤을 약속했다

악몽

눈은 잠들지만 마음은 잠들지 않는 밤

묵직한 밤비 냄새
반란처럼 나를 일으켜
벽을 넘어가라 하네

나는 불행에 딱 맞는 영혼을 지키느라
심장에 빗장을 걸고
폐광처럼 깊은 내 마음속만 헤매 다니다

살인을 자백하는 기분으로
당신들의 이름을 부르지만
당신들은 나의 쓸쓸함을 모르거나 모른 척하며
도미노 같은 벽을 세우네

무엇을 남겨 두고 무엇을 빼앗아 가든
이 벽만 넘는다면 다른 영혼이 될 것 같아

혼절할 듯 외로운 밤
나는 보이지 않는 벽을 자꾸 오르네

따뜻한 반어법

다음 해, 꽃이 피면
당신의 셔츠 당신의 벨트 당신의 구두를 잊을 거야
오래된 주소 즐겨 쓰던 형용사와 편지 속의 마침표를 꼭 잊을 거야
더 이상 당신을 감출 행간이 없으므로
눈동자를 잊고 눈물을 덮던 눈꺼풀을 잊어버리고 나면
당신이 사라지는 것과 기억이 사라지는 것 중에서 어느 쪽이 더 슬픈 일이 될까

잊지 않으면 빠져나올 수 없는 슬픈 기억들
어두운 꽃송이 아래서
잊고 또 잊으면
나의 하루는 터무니없이 행복해지고
나비들이 죽는 계절에는
꽃을 잊은 채
이별에도 희망을 걸 수 있게 될까

다음 해
기다리지 않아도 꽃이 돌아와 꽃이 피는 날
나는 어떻게 해야 그 꽃을 알아보지 못할까, 천만다행으로

봄밤

꽃 피는 밤이면
같이 잠들고 싶은 사람이 있다
어두운 시절
꽃잎을 먹여 주던 그였던 남자
막 익어가는 과실처럼 짙붉은 심장을 붙이고
나란히 잠이 들면
그의 꿈까지 만들어주고 싶다
나는 찔레와도, 그 아픈 가시와도 닮을 생각은 없지만
꽃으로 마음을 덮는
그런 날이면
봄이 탐낼 만큼은 충분히 슬프기도 했다

꽃이 되어가거나 혹은 되어가지 않거나
너무 늦게까지 우는 사람이 항상 옳은 건 아니더라도
그가 없이
꽃이 지는 밤에는
신이여, 눈물을 넉넉히 주소서

나의 엄마들

가슴속에 있는 여자 하나를 꺼내기 위해
엄마들은 나를 낳고 또 낳았다

일주일 만에
석 달 열흘 만에
어떤 때는 몇 년 만에
나는 핏덩이가 되어 몇 번이고 태어났다

버지니아 울프
쉼보르스카
칼로와 덩컨
보부아르, 클로델

말해지지 않은 세상의 이야기를 시작한 엄마들이
내 어깨 위의 천사가 되었다

립스틱과 하이힐로 나를 감추는 것이 쉽지 않을 때에도
눈물에 침착해지라고
결국 나는 혼자라고

다정하게 말해 주었다

세상에는 별 소용이 없는 기적이지만
나의 엄마들은 나를 다시 낳았다

마흔아홉

한 번쯤은
멋진 후회를 저지르고 싶어져요
망설이지 않고

해도 없고 달도 별도 없고
표지도 없는 국경 술집에
당신과의 약속을 적으러 가는 일 같은,

나를 위해 마지막 총알을 숨겨 두는 일 같은,

혹은 내릴 수 없는 기차에 올라타는 일 같은 것들

내 안에서 속삭이는 이브의 빨간 목소리를
따라가고 싶어요

우단처럼 부드러운 열대의 밤
잠이 들기도 전에 찾아오는 꿈처럼

나의 슬픈 도망을 완성하기 위하여

당신이 온다면

가장 빨리 싫증나는 게 사랑인 줄 알아도
내가 먼저 속아줄래요

나를 화장할 장작더미 같은 사랑을 위해
청춘도 아닌데 못난이처럼 울며 울며

재스민 나무의 데스마스크를 보며

나무가 살았어야 하는 방식으로 살지 못한 채
물기가 다 마른 재스민 나무가
엷은 그림자를 거두어들이고 있었다

숨을 닫으며 스스로 어두워지는 건 어떤 기분일까
그건 햇살이 조금씩 차가워지는 일일까
수백 겹의 눈빛과 천 겹의 슬픔에 둘러싸였던 기억을 걷어내는 것일까
아니면 완벽한 하루를 보낸 뒤의 피로 같은 걸까

나무는 아무 인사도 없이 시간의 바깥으로 돌아가려는데
나는 묻고 싶어졌다

일생 동안
평온은 너무 지겹고 햇살은 권태로워서
폭우와 영하의 밤을 바라기도 했는지
발톱을 박은 새들에게 몸을 파먹히는 나무를 부러워했는지

만약 다음 생에 또 온다면
그땐 벼랑에서 바람을 걱정하며
슬픔에 탈진하는 날들을 살아보고 싶은지

의미보다는 운명을 지닌
나무의 마지막 말을 듣고 싶었다

기도하지 않고 참회하지 않아도 되는
영혼이 몸을 다 놓을 때까지
나는 기다리고 기다리며

때로는 누군가의 순종으로 내 아픔이 덧나지 않았음을
뒤늦게 알게 되었다

난청의 시절 4
- 모두의 자화상

나는 너를 듣지 못하고
너는 나를 듣지 못한다

우리는 애타게 제 이름을 반복하지만

나는 너를 죽은 나비처럼 지나쳐 가고
너는 나를 버려진 인형처럼 외면한다

강물이 시작되는 소리
별이 불타는 소리
나와 너의 비명 소리에 묻히고
우리는 시끄러운 고요 속에서 울부짖을 뿐

나는 너를 듣지 않고
너는 나를 듣지 않는다

우리는 서로의 꿈을 알기도 전에 음모한다

망각은 이렇게 온다

망각은 그런 밤들을 지나서 온다

어두운 봄, 공허한 기념품, 모든 날들의 해질녘, 오지 않을 편지, 강물의 긴 팔, 한 송이 꽃만큼도 위대하지 못한 고백이 헝클어져 갈 때

눈물이 빗소리처럼 편안해지고 내가 사는 계절이 내가 잃어버린 계절임을 알아차릴 때

쓸모없는 저녁의 멜랑콜리에, 뼛속까지 초라함이 스며드는 햇살에, 의미 없는 그리움과 그리움으로 썼던 시들에

미치거나 죽지 않기 위해

변심한 애인이 가 있는 어느 바닷가 모래알처럼 기억은 조금씩 부서진다

살구나무에게 가서 울다

오늘은 또 누가 헤어졌나
살구나무 아래서 살구 떨어지는 소리를 듣는다

첫 빗방울처럼
톡

간결한 감탄사처럼
톡

잠든 새의 눈물처럼
토독

푸른 멍이 드는 소리
별 하나가 어두워지는 소리

오늘은 또 누가
악착같은 힘으로 마음을 버리나
하루 종일 살구나무가 흔들린다

제 4부

이것은 겨우 나의 자유

  당신을 생각하다 마치 다른 행성에서 채집한 공기를 마신 것처럼 숨이 막혀 올 때, 쓸쓸, 당신이 돌아서던 날의 하늘빛이 111가지 푸른색 중 무엇인지 찾고 있는 동안의 파란 쓸쓸, 그날 밤 그 바닷길 그 실루엣과 그 침묵이 불타는 냄새로 남아 바람에 실려 올 때 내 생애 안에 꼭 당신을 잊으려다 검은 비닐 같은 영혼이 돼버리는 쓸쓸, 쓸쓸한, 내가 만약 조금만 더 무모했더라면 심장이 아니라 몸으로 당신을 껴안았을 테고 잊혀진 약속까지 충실히 따르진 않았을 텐데

  허공 생각은 하면서도 내 소식은 묻지 않는 당신에게 화를 내지 못하는, 고작 이 정도의 타인이 된 것이 나의 자유라서, 당신을 잃어버리고 수의壽衣를 입은 자유라서 쓸쓸, 악몽 같은 쓸쓸쓸,

정박 碇泊

얼마나 무거워야
무엇을 달아야 나의 닻이 될까

오른발에는 늘 첫 번째 걸음이 기다리고 있고
눈꺼풀 뒤에는 다른 하늘이 펼쳐져 있고
들리는 건 사막 모래의 빗소리뿐이니

얼마나 깊어야 나를 다시 끌어올리지 못할까

포옹이 가장 힘찬 나이를 지나고
내 마음을 속이기도 지쳤는데
어찌하여 나는 한 줄기 바람에도 넘어지는지

가장 높고 가장 먼 별들에까지
나를 보내려 할 때
무엇이 나의 밤에 별빛을 거두어줄까

멀리 떠나서 더 먼 곳으로 사라지고 싶은 날

허공을 물렁하게 뚫는
눈물이
나를 매달고 떨어진다

페넬로페의 노래

모든 싸움을 다 싸우고
모든 기도를 다 드리고
나는 기다린다

당신의 검은 밤, 당신의 한숨, 당신의 종이를 생각하느라
부드러운 귀 한쪽과
꿈꾸는 눈동자 하나를 잃는 동안

몇 생애인지도 모를 시간이 지나가고
마음이 닿는 것은 모두 오류가 되지만

얼마나 어리석으며 얼마나 매혹적인가
사랑이 무엇을 원하든
운명이 무엇을 만들어내든
시간을 감아 스스로를 묶는 일

내가 지상에서 무엇보다 사랑한 것도
어떤 헛된 소망도

진정으로 헛될 뿐이라는 걸 알고 나서도
기다림에 다시 속는 일
얼마나 사무치는가

그 사이
모든 우물이 다 마르고
모든 장미가 다 져도
기다림은 이별보다 안전한 것이므로
나는 폐허 속에서 또 기다린다

너무 빨리 찬란한 것과 너무 오래 기다리는 것
어느 쪽이 더 슬픈 일인지
결코 알려고 하지 않은 채

떠돌이까마귀처럼

별이 떨어지고
어디든 날아가기 좋은 밤이다

나를 가져가서 나를 바꿔놓고 나를 버린
사랑을 잊을 수는 있어도 부정할 수는 없으므로
검은 하늘 검은 구름 검은 공기 속으로 사라져야지

기억을 매어놓았던 별이 떨어지는 날
늙고 느린 강이 혼자서 바다로 가는
그 길을 따라
울어줄 사람이 없는 곳까지
풍경의 국경을 넘어야지

백 번을 바라보고 백 번을 기억했던 눈빛이 사라지면
구름에 관한 문장 같은 건 농담이 되는
싸늘한 적국에라도 닿아
한 자루 권총보다 더 쓸쓸한 역할을 나에게 줘야지

떠돌이까마귀처럼
당신으로부터 자유가 되어

훔친 기억
- 가자지구의 소녀를 생각하며

타락한 소녀가 되었지요
장밋빛 저녁놀에 슬픔을 비교하는 소녀가 아니라
도망자와 공범이 되는 그런 소녀

한쪽 눈이 떨어진 인형처럼
아무 데나 버려진대도
한숨 한 번 없이

심장은 더 검어지고
눈물은 더 명랑해져서
신발 속의 모래처럼 쏟아졌어요

그때 내가 영혼이었는지
그때 내가 유령이었는지
반쯤만 태어났는지
모른 채로
살아남으려고 사랑을 벼리는 소녀

꽃향기를 훔치고 다시 풀어놓는 바람처럼
기억 속의 하얀 기억만을 훔치고 있어요

난청의 시절 1

오월의 저녁이 나를 부른다

오른쪽 귀에는 들리지 않고
왼쪽 귀에만 들리는 소리

왼쪽으로 뒤돌아본다

밤물결 소리 꽃의 숨소리 춤추는 별의 노랫소리
가장 멀리서 당신이 부르는 소리
왼쪽 귀에 가득해져서

당신이 없는 동안 귓속에서 자란 달을
하늘에 꺼내 놓는다

어두워지는 하늘로부터
왼쪽 귀로 다시 되돌아오는 속엣 말들

몸속에서 오는 것은 들리고
몸 밖에서 오는 것은 들리지 않아

달 없는 밤에도
어둠 없는 달밤에도
왼쪽 귀에만 들리는 먼 목소리에
나는 자꾸 왼편으로만 기울어져 간다

건조주의보

오지 않는, 혹은 올 수 없는 사람들만 기다리듯
눈을 기다린다

약속은 없었으므로 약속을 어긴 것은 아니지만
야속한 마음으로 눈을 기다린다

이것은 내가 알고 있는 낙담의 한 형태

눈이 없는 겨울은
상실에 잠긴 중세 같아서
나는 지금 내 생애의 가장 메마른 사랑까지 생각하는
중이다

한때 나는 사막을 사랑했었고
사막을 담은 남자를 사랑하느라
눈물을 다 빼주었으므로

텅 빈 가슴으로 눈을 기다린다

속절없이 쏟아지는 비가 아니라
내 체온으로 녹아 눈물이 되는 눈을 기다리며

햇빛이 조금 일찍 물러나는 허공에다
당신의 푸석한 슬픔을 위해서라도 내가 소용이 있었으면 좋겠어, 라고
딱 한 줄 편지를 쓰고

충분한 침묵을 두고, 충분한 기도를 가지고서
답장보다는 종잇장만한 눈을 기다린다

고백을 위해

 너는 듣지 못하고 나만 듣는 말 속에는 비밀이 있고 너는 듣지 못하고 하늘이 듣는 말 속에는 참회가 있었어 너는 끝내 아무 말도 듣지 못하는데 나는 비밀도 말하고 참회도 했어 저녁마다 기도를 드리는 무신론자처럼 회개하는 바람둥이처럼 수많은 말을 했는데 너는 모르지 새로 내린 눈송이만큼도 모르고 별의 습관만큼도 몰라서 나를 모른 척하지

 나의 비밀은 고독했고 참회는 완전했지만 너를 죄인이게 할 고백을 위해

 나는 아주 짧은 말 하나를 눈물방울처럼 다듬어서 간직하고 있어

밤의 노래

햇살이 없으면 나는 조용하다
한숨이 없으면 나는 조용하다

풀잎 위의 그늘이 무슨 색인지 잊으면
새가 날던 그날의 수평선을 잊으면
나는 조용하다

당신의 집 식탁 아래 고양이 울음소리
앙갚음으로라도 만나고 싶은 당신 눈빛이 없다면

그런 가슴 한쪽과 독한 이름 하나가 없다면
나는 정말 조용하다

기억 속의 어디서건
혼자 되돌아오는 내 그림자가
전혀 보이지 않는

진짜 밤다운 밤이면
나는 닫힌 비상구처럼 조용하다

기억의 환지통

기억을 태워서 그 재로 다시 기억을 쓴다면
그날의 꽃향기를 잊을 수 있을까
그 조약돌이 있던 강의 풍경이 희미해질까
그 노래를 듣던 때가
여명인지 석양인지
분간하지 못할까

비나 눈 내리는 밤이면 더 환해지는 기억 속
천 걸음이나 앞서 와도
다시 또 돌아와 있는 그날을 지울 수 있을까

돌이킬 수 없는 일은
돌이켜 볼 수 없는 곳으로 사라지도록

당신을 놓친 곳이
밤의 밤인지, 꿈의 꿈인지
찾아갈 수 없도록
기억을 잃고 싶은데

당신이 아닌, 다른 뭔가를 생각하는 건 여전히 아픈 일이라서

나는 완전한 기억 상실만을 기다리고 있어
햇살의 마지막 상태가 어둠이듯이

비행운을 보는 저녁

언제 지나갔는지 비행기는 보이지 않고
비행운이 길게 떠 있다

무언가 지나간 뒤에 남은 것은
저렇게 눈물겨운 걸까
나도 먼 곳에서 낯선 곳으로 가고 싶어진다

추억과 이별의 시차만큼 꿈을 꾸고
숨 가쁜 꽃 대신 새 떼를 맞이하는

당신의 북쪽 나의 남쪽 어딘가

내가 모르는 구름들처럼
모든 건 근사하게 익명이 되는 곳에서
낯선 날씨를 기다리고 싶다

쓰던 시를 모두 지우고
금지된 나를 멀리 떠나보내고 싶어지는 저녁

사랑처럼 사라지는 것은
저토록 외로운 걸까
그래서 나는 잊지 않고 차라리 용서하려는 걸까

당신의 심장 반쪽만큼 남은 비행운을 바라보며
어둠 속에 나를 세워둔다

다시, 동해로부터

내 기억 속에 밖에 안에
어디든 있는 너와
바다에 와서
파도를 본다

하얀 무릎을 끌어안고
북쪽으로 흘러가는 별을 세고
가장 고운 재처럼 가벼운 말,
사랑이라는 말도 해본다

눈물과 그토록 가까운 말이
파도 소리보다 의미가 없어지면
내 어둠은 바다의 어둠보다 어두워질 테니

파도가
다른 파도가 되어
한없이 돌아오는
바다에서
가슴속에 너를 수장시킨다

사랑했다면 했을 네 이야기들도 물속으로 잠기고
기억은 감당할 만큼만 슬프고 아름다워지기를

겨울 일기

소한小寒과 대한大寒 사이
서양철쭉이 꽃을 피웠다
지난봄 늙은 엄마가 시장에서 사준 삼천 원짜리 화분에서
신의 날개옷 같은 얇은 꽃잎이 만개했다
봄도 아니고 여름도 아닌 계절에
이토록 힘을 쓰고 있나 싶다가
시절은 불확실하고 하늘은 멀기만 하니 어쩔 수 없겠구나
붉은 꽃잎들을 눈길로 쓰다듬는다
그러다가 또
꽃나무가 꽃을 피우는 일에
의미는 없어도 좋은 것
꽃은 운명에 몰두했다는 사실일 뿐이라고 생각하니
온갖 멋진 거짓말을 하다가 들킨 사람처럼
꽃송이들 앞에서 무안스러워진다
나는 나에게 너무 오랫동안 없는 꽃을 약속하고
나는 아직도 나 자신의 신기루를 보고 있었나 보다
햇빛 속에 날리는 먼지가 보이는 창가

꽃이 핀 화분 곁에 앉아서
마음이 찾아가는 먼 곳을 몇 시간 동안 잊어본다

발굴이 될 때

수백 년에 또 수백 년이 지난 뒤에는
내 것 중 무엇이 남아있을까

단단하게 밀봉된 한숨과
너를 미워했던 마음과 눈물
깊이 숨겨 놓았던 거짓들
암모나이트 껍데기처럼 딱딱하게 굳어버려
중생대 지층쯤에 묻혀서도 썩지 못하고
나무뿌리에 매달리려 발버둥 치면 어떡할까
꽉 쥔 손안의
시와 문장들은 악의 없이 잊힐까
내 슬픔을 지지하던 별자리는 또 누구를 찾아갈까

그 자리에 그 모습을 그대로 두기 위하여
심장을 따뜻하게 하지 못했지만
내 조그만 행운에 대해 늦게라도 사과한다면
이 세상 마지막 날의 먼지와 바람으로 발굴될 때
하늘과 바다에 해롭지 않게 될까

해설

상실에 대하여

고봉준

1.

 세월이 약이라는 말이 있다. 사람들은 시간이 지나면 슬픔도 잊힌다고, 그리하여 상처도 저절로 치유되는 법이라고 이야기한다. 하지만 이운진의 시는 결국 시간이 해결해 주는 것은 아무 것도 없음을 보여준다. 치명적인 '상실'과 깊은 '슬픔'이 시인의 시세계 전체를 관통하고 있다. 이 '상실'과 '슬픔'의 감정이 본류(本流)라면, 사랑과 이별, 눈물과 고독, 그리고 대상의 부재와 기억 등은 거기에서 발원한 지류(支流) 정도일 것이다. 사랑은 리비도 에너지를 특정한 대상에 투사(projection)하는 행위이다. 그렇다면 대상을 상실한 리비도가 되돌아와 시인의 존재감을 위태롭게 만든다는 점에서 이운진의 시는 상실 이후에 관한 기록이라고 말할 수 있다. 그녀의 시편들은 상실의 아픔과 존재감의 결여를 '시간'의 축 위에서 형상화한다. 시를 읽다보면 감지할 수 있듯이 이운진의 시에서 존재감의 결여는 동시에 세계의 축소를 수반한다. 상실의 슬픔은 한 인간을 특정한 시간 위에 붙들어둠으로써 세계는 물론 실존의 시계(視界)마저 축소시킨다. 이운진의 시편들이 다양한 이미지와 경험에서 시작함에도 불구하고 매번 유사한 감정으로 되돌아오는 '반복'의 양상을 보이는 이유도 여기에 있다. "그러는 동안/돌보지 못한 내 삶이 사과 알처럼 떨어져/가슴 속에서 썩어가고/슬픈 것을 너무 많이 보아서 슬퍼진 눈에/세상은 온통 벌레의 집이다"(「그러는 동안」)라는 진술처럼 소중한 것을 잃어버린 사람은 세상 모든 것에서 부재하는 대상의 흔적을 찾으려는 태도를 취한다. 그러므로 문제는 '상실' 자체가 아니라 그것을 인정하지 못하는 '나'에게 있다. 음울한 색채로 그려진 화가들의 자화상이 그러하듯이, 이운진의 시세계에서 중심에는 상실을 앓고 있는 '나'가 자리하고 있고, 그 배경은 온통 '슬픔'과 '눈물'로 얼룩진 결핍의 공간으로 그려진다. 눈물 맺힌 눈으로 바라보는 세상이 온통 뿌옇게 보이는 원인이 '세상'이 아니라 '눈물'에 있듯이.

2.

실존적 사건으로서의 '상실'은 상실 이전의 세계에 대한 궁금증을 유발한다. 도대체 무슨 일이 있었던 것일까? '사랑'이 있었고, '이별'이 있었다. "한때 우리였다"(「11월의 끝」)라고 말할 수 있는 사랑-사건이 있었고, 그 안에서 '나'는 "사막을 사랑했었고/사막을 담은 남자를 사랑하느라/눈물을 다 빼주었"(「건조주의보」)다. 하지만 이 '사랑'은 '당신'이 고른 "가장 아름다운 말"(「난청의 시절 3」)인 '안녕'으로 예고 없이 끝난다. 그럼에도 불구하고 이운진 시의 화자들은 이 '이별'을 현실의 일로 수락하지 않으려 한다. 간혹 "왜 한 사람은 한 사람만을 죽도록 사랑하는지/왜 한 사람은 사랑을 위해 기꺼이 자신을 배신하는지/왜 한 사람은 손목을 긋고/왜 한 사람은 몇 번이고 새로운 고백을 하는지"(「톨스토이역에 내리는 단 한 사람이 되어」)처럼 자신의 행위에 대한 성찰의 태도가 드러나기도 하지만 대개의 경우 화자들은 '이별'이 가져온 슬픔의 감정과 기다림, 그리고 '이별' 자체를 거부하려는 자세를 보인다. 그것들은 대략 몇 가지로 유형화된다.

  나는 실토했다

  몇 번의 봄이 와도
  뜨거운 눈꺼풀을 씻고 씻을 때
  어디로 가나 큰 꽃들의 그늘일 때
  울음을 어떻게 참아야 하는지 말해 주었다

  왜 사랑이 끝나면 햇빛과 비는 내용이 없어지고
  이름 없는 것들은
  기억도 희망도 남기지 못한 채
  어둠과 혼혈이 되어 가는지
  왜 불의는 세상 어딘가에 일정하게 유지되는지
  익숙한 의심을 어떻게 모른 척 하는지 모두 말했다

내가 아는 가장 지독한 구절로
어떤 후회도 억압도 없이

나처럼 고아인
한 송이 제비꽃을 위해

스무하루의 봄밤을 약속했다
- 「제비꽃을 위하여」 전문

　이운진의 시에서 '사랑'의 대상은 '애인'("애인아/어느 날 슬플 때"(「11월의 끝」)), '당신'("어느 날 내가/당신을 처음 알던 백일홍 나무 아래 서 있을 때"(「파란 달」)), '그'("그가 없이/꽃이 지는 밤에는/신이여, 눈물을 넉넉히 주소서"(「봄밤」))처럼 인칭화되고 있지만, 이성 또는 동성 간의 사랑이라는 제한된 의미로 환원하지 않을 때 정서적 울림이 한층 크다. 실제로 그녀의 시의 핵심은 '사랑'보다는 '상실'에 가깝다. 그럼에도 불구하고 '대상'에 집착할 때 우리는 그녀의 시어가 표현하는 정서에 주의하지 않게 된다. 사랑하는 사람을 잃어버린 사람들이 그러하듯이 이운진의 많은 시편들은 슬픔, 고독, 비참 등의 정서가 지배하고 있다. 그녀의 화자들은 이별 이후의 자신을 "사랑이 던져버린 돌멩이"(「밤의 대릉원」), "당신을 잃어버리고 수의(壽衣)를 입은 자유"(「이것은 겨우 나의 자유」), "빈 자루 같은 내 몸"(「첫눈 무렵」), "폐광처럼 깊은 내 마음"(「악몽」) 등처럼 하찮고 보잘 것 없는 형태로 경험한다. 현실계에서 '당신'은 "모든 길을 다 알아도 갈 수 없는 곳"(「봄의 환지통」)에 있지만, 상상계에서 '당신'은 "내 기억 속에 밖에 안에/어디든"(「다시, 동해로부터」) 존재한다. 이때 사랑했던 대상인 '당신'은 '나'의 모든 에너지를 옭아매는 '덫'이 되고, 상실의 슬픔은 "입술과 꽃과 구름 같은 것들"(「이 지구에서 만들어진」)을 한순간에 '어둠'으로 바꿔버린다. 마찬가지 이유에서 사랑이 끝나면 "햇빛과 비는 내용이 없어지고/이름 없는 것들은/기억도 희망도 남기지 못한 채/어둠과 혼혈이 되어" 간다. 시인은 이 상실감을 껴안고 살아가는 자신을 '고아'라고 명명한다.

> 다음 해, 꽃이 피면
> 당신의 셔츠 당신의 벨트 당신의 구두를 잊을 거야
> 오래된 주소 즐겨 쓰던 형용사와 편지 속의 마침표를 꼭 잊을 거야
> 더 이상 당신을 감출 행간이 없으므로
> 눈동자를 잊고 눈물을 덮던 눈꺼풀을 잊어버리고 나면
> 당신이 사라지는 것과 기억이 사라지는 것 중에서 어느 쪽이 더 슬픈 일이 될까
>
> 잊지 않으면 빠져나올 수 없는 슬픈 기억들
> 어두운 꽃송이 아래서
> 잊고 또 잊으면
> 나의 하루는 터무니없이 행복해지고
> 나비들이 죽는 계절에는
> 꽃을 잊은 채
> 이별에도 희망을 걸 수 있게 될까

> 다음 해
> 기다리지 않아도 꽃이 돌아와 꽃이 피는 날
> 나는 어떻게 해야 그 꽃을 알아보지 못할까, 천만다행으로
> ―「따뜻한 반어법」 전문

 이운진의 화자들은 사랑이 끝났다는 것을 받아들이지 않는다. 프로이트에 따르면 '상실'에 대한 반응은 애도와 우울증의 두 가지 형태로 나타난다. 애도(mourning)란 사랑하는 대상이 더 이상 존재하지 않는다는 사실을 인정하고 수락하는 것, 그리하여 그 대상을 향했던 리비도를 거두어들임으로써 상실의 상처로부터 벗어나는 것을 가리킨다. 하지만 모든 인간이 쉽사리 상실을 현실로 받아들이지는 않는 법이다. 프로이트는 이 애도에 실패한 존재는 '대상-상실'이 '자아-상실'로 전환되어 우울증을 앓게 되고, 그것은 자존감의 상실을 동반한다고 주장했다. 이 구분에 따르면 이운진의 화자들은 모두 '애도'에 실패한 존재들이다. 그들은 사랑이 끝났음을 인정하지 않을 뿐만 아니라 "사랑에 관한 한/나는 아직 너에게/나를 잊을 권리를 주고 싶지 않은데"(「도망가는 사랑」)처럼 '당신'이 '나'를 잊기를 원하지도 않는다. 또한 "나쁜 것은 모두 나였다고 자책"(「바다 옆의 방」)하기도 한다.
 이운진의 시에서 '이별'을 받아들이지 않는/못하는 문제적 현실은 대개 '기억'의 문제와 연결된다. 기억의 두 가지 방식(자발적 기억과 비자발적 기억)이 있듯이, 그녀의 시에

서도 '기억'은 두 가지 방식으로 진술되고 있다. '당신'을 잊을 수 없기 때문에 사랑이 끝났음을 받아들이지 못하는 경우가 있는가 하면, '당신'을 잊지 않으려는 의지 때문에 사랑이 끝났음을 받아들이지 않는 경우도 있다. 전자의 경우에서 '기억'은 시인의 의지를 벗어난 비자발적인 것이고, 후자의 경우에서 '기억'은 시인의 의지의 산물이라는 점에서 자발적인 것이다. 오랫동안 사람들은 우리의 신체와 뇌에 새겨진 기억이 우리를 인간으로 만든다고 주장해왔다. 인간은 기억하는 동물이고, 기억이 존재하기 때문에 자신이 누구인지, 무엇을 해야 하는지 알 수 있다는 것이다. 기억 상실이 정체성의 상실을 초래한다는 이야기들은 모두 '기억'과 '삶'의 안정적인 관계로 전제한다. 하지만 상실, 즉 '애도'의 논리에 따르면 그것은 거짓이다. 슬픔에 관해서는 '기억'이 아니라 '기억상실'이 우리를 정상적인 존재로 살게 만든다고 말해야 하기 때문이다. "잊을 거야"라는 문형의 반복이 증명하듯이 인용시의 1연에서 화자는 '대상'을 잊으려는 태도를 취하고 있다. '당신'을 잊기 위한 망각 행위는 "당신의 셔츠 당신의 벨트 당신의 구두"를 잊은 사소한 일에서 시작되어 '당신'과 연관된 모든 '기억'을 잊는 것으로 종결될 것이다. 그런데 이 망각에는 한 가지 조건이 전제되어 있다. "다음 해, 꽃이 피면"이라는 미래의 시간이 그것이다. 김소월의 '먼 훗날'이 그렇듯이, 미래적 시간을 망각의 조건으로 내세우는 것은 결국 망각, 나아가 그것으로 인해 이별을 현실로 수락하는 것을 무한히 지연시키려는 일종의 심리적 방어기제이다. '반어법'이라는 표제가 고지(告知)하고 있듯이 이 망각에의 다짐이 반어임은, 그리하여 지켜지지 않을 것임은 화자도 알고 있다. 또한 화자는 망각을 통해 "슬픈 기억들"의 세계에서 빠져나오면 정상적인 삶이 영위될 수 있음을 알고 있다. 그럼에도 불구하고 화자는 망각으로 인한 행복보다는 잊지 않음에서 비롯되는 슬픔과 고통의 시간을 선택한다. "나는 어떻게 해야 그 꽃을 알아보지 못할까, 천만다행으로"라는 진술처럼 화자는 의도적으로 '꽃'을 알아보지 못하는 전략을 통해 망각해야 할 시간의 도래 자체를 차단하고자 한다. 이 시의 화자에게 '기억'은 자발적인 기억의 문제이다. 화자는 망각이 아니라 기억을 고집하고 있으며, 그 선택을 철회하지 않는 한 슬픔과 고통의 시간은 중단되지 않을 듯하다.

3.

슬픔과 고통을 연장하려는 화자의 태도를 어떻게 이해해야 할까? 이와 관련하여 정신분석학에서 자주 언급되는 환자의 사례가 좋은 참조점이 된다. 정신분석의 임상사례 보고에 따르면 의사의 완치 판정에도 불구하고 계속 치료받기를 고집하는 환자들이 있다. 이 환자가 완치 판정을 받아들이지 않으려는 이유, 그러니까 계속적으로 치료를 받으려는 이유는 치료 과정 자체가 주는 쾌락이 치료가 끝난 이후의 삶이 줄 것으로 기대되는 쾌락보다 크다고 생각하기 때문이다. 영화 〈아이 엠 샘(I Am Sam)〉의 주인공 아이는 일곱 살 아이의 지능을 가진 아버지와 헤어지지 않기 위해 성장을 거부하려는 자세를 보인다. 이 아이 또한 자신이 성장함으로써 얻을 수 있는 쾌락보다 성장하지 않음으로써, 아빠와 함께 생활함으로써 얻게 되는 쾌락이 더 크다고 판단해서 성장을 거부한다. 이처럼 인간은 심리적 쾌락이 더 크다고 판단될 때 종종 행복보다는 슬픔이나 고통을 선택하기도 한다.

모든 싸움을 다 싸우고
모든 기도를 다 드리고
나는 기다린다

당신의 검은 밤, 당신의 한숨, 당신의 종이를 생각하느라
부드러운 귀 한쪽과
꿈꾸는 눈동자 하나를 잃는 동안

몇 생애인지도 모를 시간이 지나가고
마음이 닿는 것은 모두 오류가 되지만

얼마나 어리석으며 얼마나 매혹적인가
사랑이 무엇을 원하든
운명이 무엇을 만들어내든
시간을 감아 스스로를 묶는 일

내가 지상에서 무엇보다 사랑한 것도
어떤 헛된 소망도
진정으로 헛될 뿐이라는 걸 알고 나서도

기다림에 다시 속는 일
얼마나 사무치는가

그 사이
모든 우물이 다 마르고
모든 장미가 다 져도
기다림은 이별보다 안전한 것이므로
나는 폐허 속에서 또 기다린다

너무 빨리 찬란한 것과 너무 오래 기다리는 것
어느 쪽이 더 슬픈 일인지
결코 알려고 하지 않은 채

- 「페넬로페의 노래」 전문

　이운진의 시에서 '기다림'은 '당신'과의 이별을 현실로 받아들이지 않으려는 존재가 '쾌락'을 위해 만들어낸 알리바이 가운데 하나이다. 또한 '당신'을 잊지 않겠다는 자발적 기억이 '이별'이라는 현실과의 마주침을 피하기 위해 자주 사용하는 심리적 드라마의 일종이기도 하다. 이 경우 '기다림'은 만남을 목적으로 하지 않는다는 점에서 미래의 시간에 속한다. 이운진 시의 화자는 상실의 주체와 애도에 실패한 우울한 주체, 그리고 목적 없는 만남을 기약하는 기다림의 주체 등으로 포지션을 옮겨 다닌다. 시인은 "왜 떠났다가 돌아오는 것은 사람들이고/같은 자리에서 기다리는 것은 내 몫인지"(「어둠 속에서 다시 한 번」)처럼 기다림의 주체라는 자신의 위치에 불만을 토로하기도 하지만 "오지 않는, 혹은 올 수 없는 사람들만 기다리듯/눈을 기다린다"(「건조주의보」), "나는 완전한 기억 상실만을 기다리고 있어"(「기억의 환지통」), "영혼이 몸을 다 놓을 때까지/나는 기다리고 기다리며"(「재스민 나무의 데스마스크를 보며」)처럼 기다리는 주체의 자리, 그 운명을 선택하는 것은 시인 자신이다.

　기다림에는 두 종류가 있다. 하나는 인터넷으로 주문한 상품을 기다릴 때와 같은 기다림, 즉 대상에 대한 기다림이고, 다른 하나는 사뮈엘 베케트의 희곡이 보여주었듯이 대상 없는 기다림, 즉 그 자체로서의 기다림이다. 첫 번째 기다림은 대상이 조만간 도착할 것을 확신하기에 사실상 '현재'에 속한다고 말할 수 있지만, 두 번째 기다림은 대상의 도래를 기대하지 않고 오직 상황 자체를 살아내는 기다림이므로 '미래'에 속한다고 말할 수 있다. 후자, 즉 기다림 그 자체인 기다림의 경우 주체는 인간이 아니라 시간이다. 여기에서 인간은 기다림을 중단할 수 있을 뿐 끝낼 수 없다. 인용 시에서 시인은 오디세우스의 귀환을 기다리며 수의를 짜는 페넬로페의 목소리를 빌려서 기다림에 대해 이야기하고 있다. 여기서의 기다림 또한 형식적으로는 '당신'이라는 대상을 설정하고 있지만 실제 화자의 욕망은 대상 자체에 있지 않다. "기다림은 이별보다 안전한 것이므로/나는 폐허 속에서 또 기다린다"라는 진술처럼 화자에게 기다림은 대상-목적이 아닌 수단으로서의 의미를 지닐 따름이다. 앞에서 얘기한 환자의 사례와 마찬가지로 여기에서 기다림의 원동력은 심리적 쾌락,

그러니까 이별보다 기다림이 정신적으로 안전하다는 판단에서 나온다. 그리고 쾌락이라는 기준에 따른 판단은 "너무 빨리 찬란한 것과 너무 오래 기다리는 것/어느 쪽이 더 슬픈 일인지"라는 현실원칙에 따른 판단을 외면한다. 화자의, 동시에 페넬로페의 기다림은 "알려고 하지 않"는 기다림이라는 점에서 일종의 맹목(盲目)이다. 이는 기다림 자체가 주는, 또는 현실로서의 이별을 한없이 유보하게 만들어주는 쾌락을 포기하지 않으려는 무의식의 발로이다. 오디세우스의 귀환을 기다리는 페넬로페의 기다림에도 이러한 요소가 존재한다. 알다시피 페넬로페는 구혼자들의 요구를 물리치기 위해 시아버지인 라에르테스의 수의를 다 짠 뒤에 결혼하겠다고 선언한 다음, 낮에는 수의를 짜고 밤에는 그것을 풀어내는 방식으로 결정의 순간을 미뤘다. 페넬로페가 수의를 완성하면 남편과 시아버지의 죽음은 기성사실이 되므로 그것은 곧 기다림이 끝났다는 의미이기도 하다. 그러므로 밤을 이용해 수의를 푸는 페넬로페의 행위에는 기다림을 연장한다는 의미만이 아니라 대상이 존재하지 않는다는 의미도 포함되어 있다. 바로 이러한 대상 없는 기다림, 즉 기다림 자체에서 시간은 예측 가능한 좌표의 바깥에 펼쳐진 시간, 철학자 베르그송이 이야기한 지속으로서의 시간으로 경험된다. 수의를 짜는 행위, 그리고 끝없이 지속되는 페넬로페의 기다림은 종종 텍스트의 운명, 즉 우리가 읽고, 쓰고, 기다리기를 반복하는 한 텍스트는 결코 끝나지 않는다는 것을 보여주는 이야기로 인용되기도 한다. 물론 이 읽고, 쓰고, 기다리는 행위가

동일한 것의 반복이 아니어야 텍스트가 지속될 수 있을 것이다. 마찬가지로 이운진의 시 또한 기억이나 기다림을 다른 방식으로 변주함으로써 동일성의 위험을 피해간다.

4.

꽃이 지는 날 아팠습니다
없는 나무 아래서 꽃나무처럼 아팠습니다

환한 그늘 아래
없는 꽃잎들 무수히 떨어져 쌓이고

없는 당신의 그림자도
길게 서 있었습니다

모든 길을 다 알아도 갈 수 없는 곳
당신이 있는
그곳을 생각하다가

기억 속 깊이
윤곽의 윤곽 속에만 있는
눈길을 생각하다가

내가 없는 당신의 봄이 아팠습니다

-「봄의 환지통」전문

또 하나의 '기억'이 있다. '환지통'이라는 기호와 연결되는 이 기억은 시인-화자의 의지와 상관없이 도래하는 비자발적 기억이다. 「따뜻한 반어법」에서의 기억이 망각에 반(反)하는 기억에의 의지의 소산이었다면, 여기서의 기억은 망각하고자 하는 주체의 의지에 반(反)하는 기억, 즉 타자로서의 기억이라고 말할 수 있다. '기억'이 인간의 정체성에 결정적인 역할을 담당한다는 주장은 정체성에 관한 절반의 진실만 담고 있다. 정체성과 관련하여 인간은 경험한 모든 것, 즉 총체로서의 경험이 아니라 자아의 통일성에 유리한 것들만을 선별적으로 기억한다. 따라서 자아의 안정 상태를 위태롭게 만드는 기억, 개인의 의지와 상관없이 불쑥 도래하는 낯선 기억은 정확히 우리 내부에 '기억'이라는 타자가 공존하고 있음을 보여주는 증거일 따름이다. 인간의 일상적 생활, 자아의 안정감은 이 '기억'이라는 타자를 억누르거나 비존재로 간주함으로써 겨우 유지된다. 반대로 이것이 자아나 의식의 통제를 통과하여 예고 없이 도래할 때 자아의 통일감에는 균열이 발생한다. 흔히 사람들은 이 '타자'로서의 기억을 '트라우마'라고 부르기도 하는데, 이운진의 시에서 그것은 기억 또는 환지통이라는 기호와 이웃관계에 있다.

이운진의 이번 시집에는 '환지통'이라는 제목을 달고 있는 두 편의 시가 수록되어 있다. 「봄의 환지통」과 「기억의 환지통」이 그것들이다. 알다시피 '환지통'은 신체의 일부를 절단한 환자가 이미 없는 수족에 아픔을 느끼는 현상을 가리킨다. 시인은 현존하지 않는 것에 대한 고통이라는 문제를 부재하는 당신과 그에 대한 기억의 문제와 겹쳐놓는다. 이 시에 등장하는 것들 - "없는 나무 아래", "없는 꽃잎들", "없는 당신" - 은 부재하는 것들이다. "당신이 있는 그곳" 역시 "모든 길을 다 알아도 갈 수 없는 곳"이자 "기억 속 깊이/윤곽의 윤곽 속에만 있는" 공간이다. '당신'이 존재하지 않는 현실, 그럼에도 불구하고 시인은 '기억' 속의 풍경들 때문에 언제나 아픔을 느낀다. 이처럼 과거와의 결별에 실패할 때, 삶은 기억과의 싸움이 된다. 이 싸움에서 '기억'은 과거의 시간을 기억하려는 의지의 산물이 아니라 망각의 실패, 혹은 망각에의 의지를 뚫고 솟아오르는 타자의 도래이다. 이러한 기억은 그것을 앓는 주체에게 아픔과 고통을 안겨주므로 "기억을 태워서 그 재로 다시 기억을 쓴다면/그날의 꽃향기를 잊을 수 있을까"(「기억의 환지통」)라는 진술처럼 -시간을 불러오려는 의지의 주체는 대개 망각하려는 의지를 갖기 마련이다. 실제로 「기억의 환지통」에서 화자는 "잊을 수 있을까", "지울 수 있을까", "기억을 잃고 싶은데", "완전한 기억 상실만을 기다리고 있어" 등의 진술을 반복함으로써 기억의 도래에 저항하고 있다. 다만 여기에서 주의할 것은 이운진의 시에서 '기다림'의 성격이 하나가 아니었듯이 '당신'에 대한, '기억'에 대한 태도 역시 단일하지는 않다. 이운진에게 '당신'과의 결별은 잊을 수 없는, 그리하여 망각을 거부하는 '기억'에의 의지로 나타나기도 하고, 때로는 예고 없이 찾아오는 기억으로부터 벗어나려는 '망각'에의 의지로 표현되기도 한다. 그녀의 시는 이 '기억'과 '망각' 사이에서 진자운동을 반복한다.

  간밤에 작은 짐승이 자고 간 뒤 풀이 눌린 자리
  누구였을까
  길고양인가, 집 잃은 강아진가, 아니면 다친 새인가
  그도 아니면 혼례의 밤을 나눈 쥐였을까

  하늘에 보름달이 뜨는 동안
  꽃잎이 얇은 꽃들을 피해 둥글게 몸을 말 줄 아는 이
  사람보다 눈빛이 한 겹쯤 더 얇은 이
  누구였을까

  이 세상 어느 낯선 모퉁이에서도
  딱히 오래 있다 갈 마음은 없어서
  희미한 냄새와 중력의 무게만 남기는 일
  얼마나 거룩한 일인가
  연민을 처음 알게 되거나 별빛을 처음 발견하는 것처럼
  얼마나 옳으며 무해한 일인가

  내가 이해하고 있던 것보다 더 깊숙이 있는 외로움으로
  한 짐승의 체온이 지켰던 하룻밤
  나는 세상의 비밀 하나를 끝까지 알지 못한다
                                              -「흔적」 전문

    심각한 상처를 경험한 인간의 실존적 시간은 시계-시간을 따라 흐르지 않는다. 간혹 시계 반대 방향으로 흐르기도

하고, 더 일반적으로는 특정한 시간에 멈추어 흐르기를 거부하는 경향을 보이기도 한다. 시인은 이러한 시간의 실존적 법칙을 "나는/소실점을 잃은 나의 기억들을/악몽보다 더 느리게 지나가는 너의 기억들을//오늘도 무한 반복 상영 중이다//어째서 기억은 원근법처럼 그렇게 정확한 방식으로 멀어지지 않는 걸까"(「기억 극장」)라는 진술을 통해 제시하고 있다. 특정한 장면을 상연한다는 점에서 기억은 하나의 극장이다. 다만 심리보다는 시각에 의해 결정되는 현실 세계의 원근법과 달리 '기억 극장'에서는 마음이 모든 것을 지배한다. 이러한 '기억 극장'의 특징 가운데 하나가 바로 "무한 반복 상영"이다. 알다시피 '반복'은 상처의 대표적 징후이고, 기억의 시간은 이 반복에 의해 작동한다. 또 하나, 기억의 시간은 미래보다는 과거에 대해 말하는 것을 선호하여 이따금씩 현재 속에서도 과거를 찾는 일에 에너지를 집중한다. 기억은 다가올 무엇보다 이미 지나간 어떤 것을 사랑한다. 이운진의 시에서 지나간 것에 대한 사랑은 자신의 리비도를 '흔적'에 투사하는 화자의 모습을 통해 가시화된다. 시집의 첫 페이지에 등장하는 "우리가 한때 우리였다는 걸 말하려는 나무"(「11월의 끝」)라는 표현처럼 시인은 잎을 떨어뜨리고 있는 현실의 나무에서도 과거의 시간을 발견한다. 이것만이 아니다. "무언가 지나간 뒤에 남은 것은/저렇게 눈물겨운 걸까"(「비행운을 보는 저녁」)이라는 진술에서 드러나듯이 시인에게는 하늘을 가로지르며 날아가는 비행기보다 그것이 남겨놓은 '비행운'이 한층 인상적으로 와 닿는다. 시인에게 '헌책방'은 온통 '흔적'으로 이루어진 세계이다. "한때는/누군가를 오싹하게 하거나/누군가의 가슴을 따뜻하게 덥혀주었던 책들을/허락된 목격자처럼 살펴보다가"(「헌책방」)라는 진술에서 확인되듯이 시인의 관심은 '책'이 아니라 그것이 간직하고 있는 '흔적'이다.

인용시의 화자 또한 '흔적'에 관심을 기울이고 있다. 우연히 "풀이 눌린 자리"를 목격한 시인은 곧장 그 흔적의 의미에 대해 상상하기 시작한다. "풀이 눌린 자리", 즉 '흔적'은 부재의 현실이다. 거기에는 '풀' 이외의 아무 것도 없으므로 무(無)의 공간, 부재의 증거라고 말할 수 있다. 하지만 시인은 그 무(無)를 부재의 증거가 아니라 유(有)의 흔적으로 해석한다. 무(無)를 단순한 '없음'이 아니라 무엇인가가 존재했었음으로 감각하는 것, '부재'의 공간을 '현존'의 흔적으로 해석하는 이 심리 법칙은 "왜 추억은 아직도 눈빛을 약속하려 하나/왜 나는 조각난 기억을 붉은 심장인 듯 지키려 하나"(「설야(雪夜)」)라는 고백처럼 시인의 내면세계에 진입하는 하나의 통로이기도 하다.

그런데 이 작품은 한 개인의 경험적 진실 이상의 의미로 경험되기도 하는데, 그것은 "내가 이해하고 있던 것보다 더 깊숙이 있는 외로움으로/한 짐승의 체온이 지켰던 하룻밤/나는 세상의 비밀 하나를 끝까지 알지 못한다"라는 진술이 담고 있는 이해불가능성이 세상 모든 존재들에 대한 윤리적 태도의 시작점으로 읽히기 때문이다. 이운진의 대부분 시편들은 과거-시간이 현재-시간을 억압함으로써 발생하는 자아의 균열, 결핍을 앓고 있는 존재가 자신의 내면을 세계의 풍경에 투사함으로써 만들어지는 '실루엣'의 세계를 표현한 것들이다. '흔적'을 읽는다는 점에서 이 시 또한 과거-시간과의 관계에서 자유롭지 않지만, 유독 여기에서 화자의 마음은 '나'가 이해 가능한 범위를 뛰어넘어 "한 짐승의 체온이 지켰던 하룻밤"을 향하고 있다. 뿐만 아니라 화자는 그 짐승의 시간에 대해 "나는 세상의 비밀 하나를 끝까지 알지 못한다"라고 고백함으로써 자아화의 한계를 숨기지 않는다. 이 지점, 그러니까 이 세상에는 '자아'의 논리로는 해독할 수 없는 것이 존재한다는 것, 그럼에도 불구하고 그것에 대한 관심을 거두지 않는 따뜻한 시선이야말로 이운진의 이번 시집이 다른 세계를 향해 나아가고 있다는 증거가 아닐까. 이때 '흔적'은 과거를 향한 것인 동시에 미지의 세계를 향해 자신을 개방하는 존재의 문턱이 될 것이다.

톨스토이역에 내리는 단 한 사람이 되어
ⓒ이운진 2025

개정판 1쇄 발행 2025년 5월 30일

지은이 이운진
디자인/편집 HDesign
제작 ㈜공간코퍼레이션
펴낸곳 소월책방
등록번호 제2022-000063호
주소 06001 서울 강남구 압구정로 151, 126-801
전자우편 sowolbooks@naver.com
ISBN 979-11-980447-4-7 03810

* 책값은 뒤표지에 있습니다.
* 잘못 만든 책은 서점에서 교환해 드립니다.
* 이 도서의 전부 또는 일부 내용을 재사용하려면 반드시 저작권자의 사전 동의를 받아야 합니다.
* 이 도서의 국립중앙도서관 출판예정도서목록(CIP)은 서지정보유통지원시스템 홈페이지(http://seoji.nl.go.kr)와 국가자료공동목록시스템(http://www.nl.go.kr/kolisnet)에서 이용하실 수 있습니다.